...Ė CIVIL

DES

FRANÇAIS.

RECUEIL COMPLET

*des motifs d'adoption des lois du Code
civil, qui ont été exposés au corps
législatif par les conseillers d'état,
lors de la présentation de chacune
de ces lois à sa sanction.*

MOTIFS DU SECOND LIVRE.

SIXIEME LIVRAISON.

A PARIS,

Chez CAPELLE et RENAND, libraires-commis-
...aires, rue J.-J. Rousseau, n° 51.

AN XII. — 1804.

RECUEIL COMPLET

des Motifs d'adoption des Lois du Code civil, qui ont été exposés au Corps législatif, par les Conseillers d'état, lors de la présentation de chacune de ces lois à la sanction.

MOTIFS DU SECOND LIVRE.

Iʳᵉ LOI. — *Motifs du Titre premier, exposés au Corps législatif, par le Conseiller d'état* TREILHARD.

CITOYENS LÉGISLATEURS, le moment est venu de reprendre l'édifice de notre législation, dont vous avez si heureusement posé les bases dans le cours de votre dernière session, et nous vous portons le premier titre du second livre du Code civil : *de la distinction des biens.*

Après avoir, par des lois sages, assuré l'état de tous les Français, il convient de s'occuper de leurs propriétés.

C'est pour acquérir avec sécurité, c'est pour jouir en paix, que l'homme sacrifie une portion de son indépendance quand il se réunit en société.

Dans un état où tout serait commun à tous, personne ne serait assuré de rien, et celui que la force mettrait aujourd'hui en possession, pourrait demain être dépossédé par la force.

Ce n'est donc pas assez d'avoir considéré l'homme sous tous ses rapports, d'avoir placé sous la sauve-garde des lois son état, l'état de son épouse, celui de ses enfans, d'avoir garanti une protection spéciale aux mineurs, aux absens, à tous ceux enfin qui, par la faiblesse de leur âge, ou de leur raison, ou pour toute autre cause, ne peuvent repousser les attaques qui leur sont livrées ; il faut aussi assurer le libre exercice de nos facultés, il faut non conserver le fruit de nos travaux et de notre industrie ; il faut enfin garantir la propriété ; la propriété ! base fondamentale

316

et l'un des plus puissans mobiles de la société. Qui pourrait en effet aspirer à la qualité d'époux, desirer celle de père, si, en prolongeant notre existence au delà du trépas, nous ne transmettions pas avec elle les douceurs qui l'ont embellie ou du moins consolée?

Il est donc nécessaire, après s'être occupé des personnes, de s'occuper des biens : c'est l'objet du second et du troisième livres du Code.

Dans le second livre, on considère les biens sous leurs différentes modifications; dans le troisième, on les considère sous le rapport des différentes manières par lesquelles on peut les acquérir et les transmettre.

Déjà, dans le cours de la dernière session, vous avez sanctionné deux titres de ce dernier livre, celui *des Successions*, et celui *des Donations* : leur importance a fait intervertir pour eux l'ordre du travail, et devancer l'instant où ils devaient vous être présentés; nous allons reprendre la première série des titres, et vous vous occuperez du second livre, c'est-à-dire des biens considérés sous leurs différentes modifications.

Ce livre renferme quatre titres : 1°. *de la distinction des Biens;* 2°. *de la Propriété;* 3°. *de l'Usufruit et de l'Habitation;* 4°. *des Servitudes ou Services fonciers.*

Voilà en effet les seules modifications dont les propriétés soient susceptibles dans notre organisation politique et sociale. Il ne peut exister sur les biens aucune autre espèce de droits : ou l'on a une propriété pleine et entière qui renferme également et le droit de jouir et le droit de disposer, ou l'on n'a qu'un simple droit de jouissance, sans pouvoir disposer du fonds, ou enfin on n'a que des services fonciers à prétendre sur la propriété d'un tiers; services qui ne peuvent être établis que pour l'usage et l'utilité d'un héritage; services qui n'entraînent aucun assujettissement de la personne; services enfin qui n'ont rien de commun avec les dépendances féodales brisées pour toujours.

Nous ne vous présenterons aujourd'hui que le premier titre, celui de la *distinction des Biens* : il ne renferme que trois chapitres : *des Immeubles; des Meubles; des Biens dans leurs rapports avec ceux qui les possèdent.*

Ces titres sont précédés d'un article unique qui distingue tous les biens en meubles ou en immeubles : distinction sous laquelle se rangent évidemment toutes les espèces de biens; il est impossible d'en concevoir qui ne doivent pas être compris dans l'une de ces deux classes.

Il fut un temps où les immeubles formaient la portion la plus précieuse du patrimoine des citoyens; et ce temps peut-être n'est pas celui où les mœurs ont été le moins saines. Mais depuis que les communications, devenues plus faciles, plus actives, plus étendues, ont rapproché entre eux les hommes de toutes les nations; depuis que le commerce, en rendant, pour ainsi dire, les productions de tous les pays communes à tous les peuples, a donné de si puissans ressorts à l'industrie, et a créé de nouvelles jouissances, c'est-à-dire de nouveaux besoins, et peut-être des vices nouveaux, la fortune mobilière des citoyens s'est considérablement accrue; et cette révolution n'a pu être étrangère ni aux mœurs, ni à la législation.

On n'a pas dû attacher autant d'importance à une portion de terre, autrefois patrimoine unique des citoyens, et qui aujourd'hui ne forme peut-être pas la moitié de leur fortune. Ainsi ont disparu les affectations des biens aux familles, sous la désignation de *propres*, *propres anciens*, *retrait lignager*, et les transactions entre les citoyens, comme les lois sur les successions se trouvent bien moins compliquées.

Il serait déplacé d'examiner ici ce que la société peut avoir perdu; ce qu'elle peut avoir gagné dans ces changemens. Le législateur adapte ses lois à l'état actuel des peuples pour qui elles sont faites : non que je prétende qu'il doive obéir aveuglément aux directions bonnes ou mauvaises de l'esprit et des mœurs publiques; mais il en prépare la réforme, quand elle est devenue nécessaire, par des voies lentes et détournées, par des réglemens sages qui, agissant insensiblement, redressent sans briser, et corrigent sans révolter.

Je reviens au premier chapitre du titre *de la Distinction des Biens*, celui *des Immeubles*.

Il est des objets immeubles par leur nature, comme les fonds de terre, les bâtimens : on ne peut pas se méprendre sur leur qualité; elle est sensible : on ne peut pas davantage méconnaître la qualité d'immeuble dans les usines qui font partie d'un bâtiment, dans les tuyaux qui y conduisent des eaux, et dans d'autres objets de la même espèce, qui s'identifient avec l'immeuble, et ne font qu'un seul tout avec lui.

Il n'est pas moins évident que les récoltes, quand elles sont encore pendantes par les racines, les coupes de bois qui ne sont pas encore abattues, n'ayant pas cessé de faire partie du fonds, sont et restent immeubles jusqu'au moment où elles sont séparées.

Mais il est quelques objets qui, au premier aperçu, peuvent laisser des doutes sur leur qualité.

Regardera-t-on en effet comme immeuble un pressoir,

per exemple, dont toutes les pièces peuvent être séparées et enlevées, sans dégrader le fonds, mais qui a été placé comme nécessaire à l'exploitation?

Mettra-t-on aussi dans la classe des immeubles un droit de passage sur un héritage voisin, l'usufruit d'une terre, une action en revendication d'un immeuble?

Vous concevez que le législateur ne se propose pas de donner des décisions particulières sur chaque espèce douteuse qui peut se présenter; son devoir est de tracer des règles larges et générales qui renferment des principes de solution pour toutes les questions : c'est ce que l'on a dû faire, et c'est aussi ce que l'on a fait.

Pour déterminer si un objet doit être ou non considéré comme immeuble, il faut rechercher sa destination, il faut examiner quelle est la chose sur laquelle il s'exerce : voilà deux principes féconds en conséquences, et qui doivent résoudre tous les doutes.

Ainsi, toute action tendante à revendiquer un immeuble, sera considérée comme immeuble par l'objet auquel elle s'applique : pourrait-on refuser la qualité d'immeuble à une action qui représente l'immeuble et qui en tient la place?

L'usufruit d'un immeuble, les services fonciers sur un immeuble, seront également immeubles par le même motif, car ils s'appliquent sur des immeubles.

La règle puisée dans la destination du père de famille n'est pas moins juste, moins nécessaire, ni moins facile à appliquer que la précédente.

Tout ce qu'un propriétaire place dans son domaine, pour son service et son exploitation, prend la qualité d'immeuble *par destination* : les choses ainsi placées deviennent en effet une partie du fonds, puisqu'on ne pourrait les enlever sans le détériorer et le dégrader essentiellement, et sans rendre son exploitation impossible : la règle établie sur la destination du propriétaire est donc fondée et sur la justice et sur l'intérêt évident de la société.

Cette règle embrasse dans son esprit tous les objets qu'un propriétaire attache au fonds à perpétuelle demeure, dans l'intention de l'améliorer ou de l'embellir.

Ce principe n'est pas nouveau; mais il s'élevait de nombreuses difficultés sur son application : les tribunaux retentissaient de démêlés sur les questions de savoir si des tableaux, des glaces, des statues avaient été placés ou non à perpétuelle demeure, parce que les lois n'établissaient pas de règle précise pour juger cette question de fait. Nous proposons de prévenir à cet égard toute difficulté dans la suite, en fixant les signes caractéristiques d'une intention de placer des meubles à perpétuelle demeure : ainsi se trouvera tarie une source abondante de procès entre les citoyens, et c'est un grand bien pour la société.

Le chapitre second du projet de loi traite des *Meubles*.

Une chose est meuble par sa nature quand elle est transportable d'un lieu à un autre, soit qu'elle se meuve par elle-même, comme les animaux, soit qu'elle ne puisse changer de place que par l'effet d'une force étrangère, comme les choses inanimées.

Cette définition s'entend assez d'elle-même et n'a pas besoin d'être expliquée.

Il serait sans doute inutile d'observer ici que les choses mobilières qui n'ont acquis la qualité d'immeubles que par leur destination, reprennent leur qualité de meubles lorsque cette destination est changée : ainsi, une glace ou un tableau, enlevés de leur parquet par le père de famille, avec l'intention de ne pas les y replacer, redeviennent meubles ; ils n'étaient immeubles que par destination, ils cessent d'être immeubles par une destination contraire.

Mais s'il est difficile qu'il s'élève des difficultés sérieuses sur la question de savoir si une chose est meuble par sa nature, il est permis et même prudent d'en prévoir sur certains objets dont la qualité n'est pas aussi sensible, comme par exemple, des obligations, des actions ou intérêts dans les compagnies de finance, de commerce ou d'industrie, et enfin des rentes.

Quant aux obligations, vous prévoyez bien qu'on a placé celles qui ont pour objet des sommes exigibles, ou des effets mobiliers, dans la classe des meubles, par le même motif qui fait réputer immeubles les actions tendant à revendiquer un immeuble.

Les actions ou intérêts dans les compagnies de finance, de commerce ou d'industrie, sont aussi rangés dans la même classe, parce que les bénéfices qu'elle procurent sont mobiliers. Et la règle est juste, même lorsque les compagnies de commerce, de finance ou d'industrie ont dû acquérir quelques immeubles pour l'exploitation de l'entreprise : cette entreprise est toujours le principal objet de l'association dont l'immeuble n'est que l'accessoire, et la qualité d'une chose ne peut être déterminée que par la considération de son objet principal.

Observons cependant que les actions ou intérêts dans les compagnies de commerce, d'industrie ou de finance, ne sont réputées meubles qu'à l'égard de chaque associé seulement et tant que dure la société ; car les immeubles appartenant à l'entreprise sont toujours immeubles, sans contredit, à l'égard des créanciers de ces compagnies ; et ils sont encore immeubles à l'égard des associés, lorsque la société étant rompue il s'agit d'en régler et d'en partager les bénéfices ou les pertes.

Nous avons aussi placé les rentes dans la classe des meubles.

C'était autrefois une question très-controversée de savoir si les rentes constituées étaient meubles ou immeubles: la coutume de Paris les réputait immeubles; d'autres coutumes les réputaient meubles. Dans cette diversité d'usages la nature de la rente était réglée par le domicile du créancier à qui elle était due: la rente étant un droit personnel ne pouvait en effet être régie que par la loi qui régissait la personne. Il résultait de là que, dans un tems où les héritiers des meubles n'étaient pas toujours héritiers des immeubles, un homme qui ne possédait que des rentes pouvait, sans dénaturer sa fortune, déranger à son gré l'ordre des successions, en rendant sa propriété mobilière ou immobilière, suivant qu'il lui convenait de fixer son domicile sous l'empire de telle ou telle coutume.

Cette bizarrerie a dû disparaître; et au moment où nous créons une législation fondée sur la nature même des choses, nous n'avons pas dû ranger dans la classe des immeubles des objets purement personnels, qui n'ont en eux-mêmes rien d'immobilier, et qui peuvent exister sans même leur supposer une hypothèque sur des immeubles.

Que les rentes constituées aient été considérées comme immeubles, lorsqu'il était défendu de stipuler l'intérêt de l'argent, lorsqu'on ne pouvait constituer une rente sans feindre, 1°. que celui qui en fournissait le capital l'aliénait à perpétuité; 2°. que celui qui constituait la rente se dessaisissait d'un héritage et en investissait son créancier, qui, en percevant ensuite les arrérages de cette rente, n'était censé recevoir que les fruits de l'immeuble dont son débiteur s'était fictivement dessaisi, cela peut se concevoir; mais tant de subtilité n'est plus de notre siècle: il faut partir aujourd'hui de vérités généralement reconnues. L'argent peut produire des intérêts très-légitimes, sans qu'il soit besoin de recourir à une aliénation fictive du capital, et une rente ne présentant dans son caractère rien d'immobilier, ne peut être déclarée que meuble dans nos lois.

Il s'élevait aussi de grandes contestations sur l'acception des mots *meubles*, *meubles meublans*, *biens meubles*, *mobilier*, *effets mobiliers*, quand ils étaient employés dans les actes; nous avons cru ne devoir pas laisser subsister une incertitude qui fut quelquefois très-embarrassante pour les juges, et toujours ruineuse pour les plaideurs. Nous avons en conséquence fixé le sens précis de toutes ces expressions.

Nous avons aussi fait disparaître les doutes sur quelques autres points qui nous étaient signalés par les nombreux procès dont ils furent l'objet. Il serait superflu de vous en entretenir dans ce moment, et d'entrer dans les détails; la lecture de la loi vous les fera suffisamment connaître, ainsi que la sagesse des motifs qui l'ont provoquée.

Je passe au troisième et dernier chapitre; celui *des biens dans leurs rapports avec ceux qui les possèdent.*

Les lois romaines distinguaient, dans les biens, ceux qui sont communs à tous les hommes, comme l'air, comme la mer dont un peuple ne peut envahir la domination sans se déclarer le plus odieux et le plus insensé des tyrans; les choses publiques, comme les chemins, les ports, les rivages de la mer, et autres objets de cette nature; les choses qui n'appartenaient à personne, *res nullius,* telles étaient celles consacrées au service divin; les choses qui appartenaient aux communautés d'habitans, comme les théâtres et autres établissemens de cette espèce, et enfin les choses dites *res singulorum,* c'est à dire celles qui se trouvaient dans le commerce, parce qu'elles étaient susceptibles de propriété privée.

Les biens compris dans cette dernière classe sont les seuls dont le Code civil doive s'occuper; les autres sont du ressort ou d'un Code de droit public, ou de lois administratives; et l'on n'a dû en faire mention que pour annoncer qu'ils étaient soumis à des lois particulières.

Les biens susceptibles de propriété privée peuvent être dans la possession de la nation ou des communes.

Déjà vous avez érigé en loi, dans le cours de votre dernière session, la maxime que les biens qui n'ont pas de maître appartiennent à la nation; conséquence nécessaire de l'abolition du droit du premier occupant, droit inadmissible dans une société organisée.

En vous proposant aujourd'hui de déclarer que les biens vacans et sans maîtres, et les biens des personnes qui ne laissent pas d'héritiers, appartiennent aussi à la nation, nous ne vous présentons pas une disposition nouvelle; c'est une suite naturelle de ce que vous avez déjà sanctionné.

Ces biens, quoique susceptibles de propriété privée, sont administrés et aliénés par des règles, et dans des formes qui leur sont propres, pendant qu'ils se trouvent hors de la propriété des particuliers.

Ce qu'il importait surtout d'établir solennellement dans le Code, c'est que les particuliers ont la libre disposition des biens qui leur appartiennent : voilà la principale disposition du chapitre III; voilà la sauve-garde et la garantie de la propriété.

Cependant, cette maxime elle-même pourrait devenir funeste, si l'usage que chacun peut faire de sa propriété n'était pas surveillé par la loi.

Si un particulier s'obstinait à ne pas réparer sa maison, et à mettre en danger, par cette manière d'user de la chose, la vie de ceux qui traverseraient la rue, point de doute qu'il devrait être forcé par la puissance publique à démolir ou à réparer. Il serait facile de citer d'autres abus de propriété, qui compromettraient et la sûreté des citoyens, et quelquefois même la tranquillité de la société entière.

Il a donc fallu, en même tems qu'on assurait aux particuliers la libre disposition de leurs biens, ajouter à cette maxime inviolable le principe non moins sacré que cette disposition était néanmoins soumise aux modifications établies par les lois; et c'est par cette précaution sage et prudente que la sûreté et la propriété de tous se trouvent efficacement garanties: ce n'est point par des mouvemens capricieux et arbitraires que la faculté de disposer de sa chose pourra être modifiée; c'est par la loi seule, c'est à dire par la volonté nationale, dont vous êtes les organes; et votre sagesse est un garant que cette volonté n'admet de modification que pour des motifs d'une haute considération.

Enfin, le dernier article de la loi nous ramène à ce que nous vous annoncions en commençant: on ne peut avoir sur les biens que trois sortes de droits, ou un droit de propriété, ou une simple jouissance, ou seulement des services fonciers: ainsi notre Code abolit jusqu'au moindre vestige de ce domaine de supériorité jadis connu sous les noms de seigneurie féodale et censuelle.

Les titres de la propriété, de l'usufruit, des servitudes, vous seront bientôt présentés; notre mission se borne au titre *de la distinction des biens*, dont je vais donner lecture.

IIe. LOI. — *Motifs du titre II, exposés au Corps législatif par le Conseiller d'état* PORTALIS.

CITOYENS LÉGISLATEURS, le projet de loi qui vous est soumis définit la propriété et en fixe les caractères essentiels; il détermine le pouvoir de l'état ou de la cité sur les propriétés des citoyens; il règle l'étendue et les limites du droit de propriété, considéré en lui-même et dans ses rapports avec les diverses espèces de biens.

Dans cette matière, plus que dans aucune autre, il importe d'écarter les hypothèses, les fausses doctrines, et de ne raisonner que d'après des faits simples, dont la vérité se trouve consacrée par l'expérience de tous les âges.

L'homme en naissant n'apporte que des besoins ; il est chargé du soin de sa conservation ; il ne saurait exister ni vivre sans consommer : il a donc un droit naturel aux choses nécessaires à sa subsistance et à son entretien.

Il exerce ce droit par l'occupation, par le travail, par l'application raisonnable et juste de ses facultés et de ses forces.

Ainsi, le besoin et l'industrie sont les deux principes créateurs de la propriété.

Quelques écrivains supposent que les biens de la terre ont été originairement communs. Cette communauté, dans le sens rigoureux qu'on lui attache, n'a jamais existé ni pu exister. Sans doute la providence offre ses dons à l'universalité, mais pour l'utilité et les besoins des individus ; car il n'y a que des individus dans la nature. La terre est commune, disaient les philosophes et les jurisconsultes de l'antiquité, comme l'est un théâtre public qui attend que chacun vienne y prendre sa place particulière. Les biens réputés communs avant l'occupation ne sont, à parler avec exactitude, que des biens vacans. Après l'occupation ils deviennent propres à celui ou à ceux qui les occupent. La nécessité constitue un véritable droit : or, c'est la nécessité même, c'est-à-dire la plus impérieuse de toutes les lois, qui nous commande l'usage des choses sans lesquelles il nous serait impossible de subsister. Mais le droit d'acquérir ces choses et d'en user ne serait-il pas entièrement nul sans l'*appropriation*, qui seule peut le rendre utile en le liant à la certitude de conserver ce que l'on acquiert ?

Méfions-nous des systèmes dans lesquels on ne semble faire de la terre la propriété commune de tous que pour se ménager le prétexte de ne respecter les droits de personne.

Si nous découvrons le berceau des nations, nous demeurons convaincus qu'il y a des propriétaires depuis qu'il y a des hommes. Le sauvage n'est-il pas maître des fruits qu'il a cueillis pour sa nourriture, de la fourrure ou du feuillage dont il se couvre pour se prémunir contre les injures de l'air, de l'arme qu'il porte pour sa défense, et de l'espace dans lequel il construit sa modeste chaumière ? On trouve dans tous les tems et partout des traces du droit individuel de propriété. L'exercice de ce droit, comme celui de tous nos autres droits naturels, s'est étendu et s'est perfectionné par la raison, par l'expérience et par nos découvertes en tout genre. Mais le principe du droit est en nous ; il n'est point le résultat d'une convention humaine ou d'une loi positive ; il est dans la constitution même de notre être, et dans nos différentes relations avec les objets qui nous environnent.

Nous apprenons par l'histoire que d'abord le droit de propriété n'est appliqué qu'à des choses mobilières. A mesure que la population augmente on sent la nécessité d'augmenter les moyens de subsistance. Alors, avec l'agriculture et les différens arts, on voit naître la propriété foncière, et successivement toutes les espèces de propriétés et de richesses qui marchent à sa suite.

Quelques philosophes paraissent étonnés que l'homme puisse devenir propriétaire d'une portion de sol qui n'est pas son ouvrage, qui doit durer plus que lui, et qui n'est soumise qu'à des lois que l'homme n'a point faites. Mais cet étonnement ne cesse-t-il pas si l'on considère tous les prodiges de la main-d'œuvre, c'est-à-dire tout ce que l'industrie de l'homme peut ajouter à l'ouvrage de la nature.

Les productions spontanées de notre sol n'eussent pu suffire qu'à des hordes errantes de sauvages, uniquement occupées à tout détruire pour fournir à leur consommation, et réduites à se dévorer entre elles après avoir tout détruit. Des peuples simplement chasseurs ou pasteurs n'eussent jamais pu former de grands peuples. La multiplication du genre humain a suivi partout les progrès de l'agriculture et des arts ; et cette multiplication, de laquelle sont sorties tant de nations qui ont brillé et qui brillent encore sur le globe, était entrée dans les vastes desseins de la Providence sur les enfans des hommes.

Oui, citoyens législateurs, c'est par notre industrie que nous avons conquis le sol sur lequel nous existons ; c'est par elle que nous avons rendu la terre plus habitable, plus propre à devenir notre demeure. La tâche de l'homme était, pour ainsi dire, d'achever le grand ouvrage de la création.

Or, que deviendraient l'agriculture et les arts sans la propriété foncière, qui n'est que le droit de posséder avec continuité la portion de terrain à laquelle nous avons appliqué nos pénibles travaux et nos justes espérances ?

Quand on jette les yeux sur ce qui se passe dans le monde, on est frappé de voir que les divers peuples connus prospèrent bien moins en raison de la fertilité naturelle du sol qui les nourrit, qu'en raison de la sagesse des maximes qui les gouvernent. D'immenses contrées, dans lesquelles la nature semble, d'une main libérale, répandre tous ses bienfaits, sont condamnées à la stérilité et portent l'empreinte de la dévastation, parce que les propriétés n'y sont point assurées. Ailleurs l'industrie, encouragée par la certitude de jouir de ses propres conquêtes, transforme des déserts en campagnes riantes, creuse des canaux, dessèche des marais ; et couvre d'abondantes moissons des plaines qui ne produisaient jusque là que la contagion et la mort. À côté de nous un peuple industrieux, aujourd'hui notre allié, a fait sortir du sein des eaux la terre sur laquelle il s'est établi, et qui est entièrement l'ouvrage des hommes.

En un mot, c'est la propriété qui a fondé les sociétés humaines ; c'est elle qui a vivifié, étendu, agrandi notre propre existence ; c'est par elle que l'industrie de l'homme, cet esprit de mouvement et de vie qui anime tout, a été portée sur les eaux, et a fait éclore sous les divers climats tous les germes de richesse et de puissance.

Ceux-là connaissent bien mal le cœur humain qui regardent la division des patrimoines comme la source des querelles, des inégalités et des injustices qui ont affligé l'humanité ! On fait honneur à l'homme qui erre dans les bois et sans propriété, de vivre dégagé de toutes les ambitions qui tourmentent nos petites ames. N'imaginons pas pour cela qu'il soit sage et modéré : il n'est qu'indolent. Il a peu de désirs, parce qu'il a peu de connaissances. Il ne prévoit rien, et c'est son insensibilité même sur l'avenir qui le rend plus terrible quand il est vivement secoué par l'impulsion et la présence du besoin. Il veut alors obtenir par la force ce qu'il a dédaigné de se procurer par le travail : il devient injuste et cruel.

D'ailleurs, c'est une erreur de penser que des peuples chez qui les propriétés ne seraient point divisées n'auraient aucune occasion de querelle. Ces peuples ne se disputeraient-ils pas la terre vague et inculte, comme parmi nous les citoyens plaident pour les héritages ? Ne trouveraient-ils pas de fréquentes occasions de guerre pour leurs chasses, pour leurs pêches, pour la nourriture de leurs bestiaux ?

L'état sauvage est l'enfance d'une nation, et l'on sait que l'enfance d'une nation n'est pas son âge d'innocence.

Loin que la division des patrimoines ait pu détruire la justice et la morale, c'est au contraire la propriété reconnue et constatée par cette division qui a développé et affermi les premières règles de la morale et de la justice : car pour rendre à chacun le sien il faut que chacun puisse avoir quelque chose. J'ajoute que les hommes, portant leurs regards dans l'avenir, et sachant qu'ils ont quelques biens à perdre, il n'y en a aucun qui n'ait à craindre pour soi la représaille des torts qu'il pourrait faire à autrui.

Ce n'est pas non plus au droit de propriété qu'il faut attribuer l'origine de l'inégalité parmi les hommes.

Les hommes ne naissent égaux ni en taille, ni en force,

ni en industrie, ni en talens. Les hasards et les événemens mettent encore entre eux des différences. Ces inégalités premières, qui sont l'ouvrage même de la nature, entraînent nécessairement celles que l'on rencontre dans la société.

On aurait tort de craindre les abus de la richesse et des différences sociales qui peuvent exister entre les hommes. L'humanité, la bienfaisance, la pitié, toutes les vertus dont la semence a été jetée dans le cœur humain, supposent ces différences, et ont pour objet d'adoucir et de compenser les inégalités qui en naissent et qui forment le tableau de la vie.

De plus, les besoins réciproques et la force des choses établissent entre celui qui a peu et celui qui a beaucoup, entre l'homme industrieux et celui qui l'est moins, entre le magistrat et le simple particulier, plus de liens que tous les faux systèmes ne pourraient en rompre.

N'aspirons donc pas à être plus humains que la nature, ni plus sages que la nécessité.

Aussi vous vous empresserez, citoyens législateurs de consacrer par vos suffrages le grand principe de la propriété, présenté dans le projet de loi, *comme le droit de jouir et de disposer des choses de la manière la plus absolue.* Mais comme les hommes vivent en société et sous des lois, ils ne sauraient avoir le droit de contrevenir aux lois qui régissent la société.

Il est d'une législation bien ordonnée de régler l'exercice du droit de propriété comme on règle l'exercice de tous les autres droits. Autre chose est l'indépendance, autre chose est la liberté. La véritable liberté ne s'acquiert que par le sacrifice de l'indépendance.

Les peuples qui vivent entre eux dans l'état de nature sont indépendans sans être libres. Ils sont toujours forçant ou forcés. Les citoyens sont libres sans être indépendans, parce qu'ils sont soumis à des lois qui les protègent contre les autres et contre eux-mêmes.

La vraie liberté consiste dans une sage composition des droits et des pouvoirs individuels avec le bien commun. Quand chacun peut faire ce qui lui plaît il peut faire ce qui nuit à autrui ; il peut faire ce qui nuit au plus grand nombre. La licence de chaque particulier opérerait infailliblement le malheur de tous.

Il faut donc des lois pour diriger les actions relatives à l'usage des biens, comme il en est pour diriger celles qui sont relatives à l'usage des facultés personnelles.

On doit être libre avec les lois, et jamais contre elles. De là, en reconnaissant dans le propriétaire le droit de jouir et de disposer de sa propriété de la manière la plus absolue, nous avons ajouté : *pourvu qu'il n'en fusse pas un usage prohibé par les lois ou par les réglemens.*

C'est ici le moment de traiter une grande question : Quel est le pouvoir de l'état sur les biens des particuliers ?

Au citoyen appartient la propriété et au souverain de l'empire. (1) Telle est la maxime de tous les pays et de tous les tems. C'est ce qui a fait dire aux publicistes « que « la libre et tranquille jouissance des biens que l'on possède « est le droit essentiel de tout peuple qui n'est point es- « clave ; que chaque citoyen doit garder sa propriété sans « trouble ; que cette propriété ne doit jamais recevoir d'at- « teinte, et qu'elle doit être assurée comme la constitution « même de l'état. » (2)

L'empire, qui est le partage du souverain, ne renferme aucune idée de domaine proprement dit. (3) Il consiste uniquement dans la puissance de gouverner. Il n'est que le droit de prescrire et d'ordonner ce qu'il faut pour le bien général, et de diriger en conséquence les choses et les personnes. Il n'atteint les actions libres des citoyens qu'autant qu'elles doivent être tournées vers l'ordre public. Il ne donne à l'état sur les biens des citoyens que le droit de régler l'usage de ces biens par des lois civiles, le pouvoir de dispo- ser de ces biens pour des objets d'utilité publique, la fa- culté de lever des impôts sur ces mêmes biens. Ces diffé- rens droits réunis forment ce que *Grotius,* (4) *Puffen- dorf,* (5) et autres appellent *le domaine éminent du souve- rain,* mots dont le vrai sens, développé par ces auteurs, ne suppose aucun droit de propriété, et n'est relatif qu'à des prérogatives inséparables de la puissance publique.

Cependant des jurisconsultes célèbres, craignant que, dans une matière aussi délicate, on ne pût trop aisément abu- ser des expressions les plus innocentes, se sont élevés avec

---

(1) *Omnia rex imperio possidet, singuli domino.* Sénec., lib. VII, cap. 4 et 5 *de Beneficiis.*

(2) Bœhmer, *Introductio in jure publico,* p. 250.
Le Bret. *De la Souveraineté,* liv. IV, chap. 10. — *Esprit des Lois,* liv. VIII, chap. 2.

(3) *Imperium non includit dominium feudorum vel rerum quarumque civium.* Wolf, *Jus naturæ,* part. I, § 103.

(4) *De la Paix et de la Guerre,* liv. I, chap. 1, § 6; chap. 2 § 6; liv. II, chap. 14, § 7; liv. III, chap. 20.

(5) *Du Droit de la Nature et des Gens,* liv. VIII, chap. 5.

force contre les mots *domaine éminent*, qu'ils ont regardé comme pleins d'incorrection et d'inexactitude. Les discussions les plus solennelles sur ce point ont long-tems fixé l'attention de toutes les universités de l'Europe. (1) Mais il faut convenir que cette dispute se réduisait à une pure question de mots, puisqu'en lisant les ouvrages qui ont été respectivement publiés, on s'aperçoit que tous nos controversistes s'accordaient sur le fond même des choses, et que ceux d'entre eux qui parlaient des prérogatives du *domaine éminent* les limitaient aux droits que les autres faisaient dériver de l'*empire* ou de la *souveraineté*.

En France, et vers le milieu du dernier siècle, nous avons vu paraître des écrivains dont les opinions systématiques étaient vraiment capables de compromettre les antiques maximes de l'ordre naturel et social. Ces écrivains substituaient au droit incontestable qu'a l'état ou le souverain de lever des subsides, un prétendu droit de *copropriété sur le tiers du produit net des biens des citoyens*.

Les hommes qui prêchaient cette doctrine se proposaient de remplacer toutes les lois fondamentales des nations par la prétendue force de l'*évidence morale*, presque toujours obscurcie par les intérêts et les passions, et toutes les formes connues de gouvernement par un *despotisme légal*, (2) qui impliquerait contradiction jusque dans les termes; car le mot *despotisme*, qui annonce le fléau de l'humanité, devait-il jamais être placé à côté du mot *légal*, qui caractérise le règne bienfaisant des lois?

Heureusement toutes ces erreurs viennent échouer contre les principes consacrés par le droit naturel et public des nations. Il est reconnu partout que les raisons qui motivent pour les particuliers la nécessité du droit de propriété, sont étrangères à l'état ou au souverain, dont la vie politique n'est pas sujette aux mêmes besoins que la vie naturelle des individus.

Nous convenons que l'état ne pourrait subsister s'il n'avait les moyens de pourvoir aux frais de son gouvernement; mais en se procurant ces moyens par la levée des subsides, le souverain n'exerce point un droit de propriété, il n'exerce qu'un simple pouvoir d'administration.

_____

(1) Fleicher, *Institutiones juris naturæ et gentium*, liv. III, chap. 2, § 2.

Leyser, dans sa dissertation *Pro imperio contra dominium eminens*, imprimée à Wittemberg en 1673.

(2) Voyez un ouvrage intitulé *de l'Ordre essentiel des Sociétés politiques*.

C'est encore, non comme propriétaire supérieur et universel du territoire, mais comme administrateur suprême de l'intérêt public, que le souverain fait des lois civiles pour régler l'usage des propriétés privées. Ces propriétés ne sont la matière des lois que comme objet de protection et de garantie, et non comme objet de disposition arbitraire. Les lois ne sont pas de purs actes de puissance ; ce sont des actes de justice et de raison. Quand le législateur public des réglemens sur les propriétés particulières, il n'intervient pas comme maître, mais uniquement comme arbitre, comme régulateur, pour le maintien du bon ordre et de la paix.

Lors de l'étrange révolution qui fut opérée par l'établissement du régime féodal, toutes les idées sur le droit de propriété furent dénaturées, et toutes les véritables maximes furent obscurcies ; chaque prince dans ses états voulut s'arroger des droits utiles sur les terres des particuliers, et s'attribuer le domaine absolu de toutes les choses publiques. C'est dans ce tems que l'on vit naître cette foule de règles extraordinaires qui régissent encore la plus grande partie de l'Europe, et que nous avons heureusement proscrites. Cependant, à travers toutes ces règles, quelques étincelles de raison qui s'échappaient laissaient toujours entrevoir les vérités sacrées qui doivent régir l'ordre social.

Dans les contrées où les lois féodales dominent le plus, on a constamment reconnu des biens libres et *allodiaux*; ce qui prouve que l'on a jamais regardé la seigneurie féodale comme une suite nécessaire de la souveraineté. Dans ces contrées on distingue dans le prince deux qualités, celle de supérieur dans l'ordre des fiefs, et celle de magistrat politique dans l'ordre commun. On reconnaît que la seigneurie féodale ou la puissance des fiefs n'est qu'une chose accidentelle qui ne saurait appartenir à un souverain comme tel. On ne range dans la classe des prérogatives de la puissance souveraine que celles qui appartiennent essentiellement à tout souverain, et sans lesquelles il serait impossible de gouverner une société politique.

On a toujours tenu pour maxime que les domaines des particuliers sont des propriétés sacrées qui doivent être respectées par le souverain lui-même.

D'après cette maxime, nous avons établi le projet de loi que *nul ne peut être contraint de céder sa propriété, si ce n'est pour cause d'utilité publique, et moyennant une juste et préalable indemnité.*

L'état est, dans ces occasions, comme un particulier qui traite avec un autre particulier. C'est bien assez qu'il puisse contraindre un citoyen à lui vendre son héritage, et qu'il lui ôte le grand privilège qu'il tient de la loi naturelle et civile de ne pouvoir être forcé d'aliéner son bien.

Pour que l'état soit autorisé à disposer des domaines des particuliers, on ne requiert pas cette nécessité rigoureuse et absolue qui donne aux particuliers même quelque droit sur le bien d'autrui. (1) Des motifs graves d'utilité publique suffisent, parce que, dans *l'intention raisonnablement présumée de ceux qui vivent dans une société civile*, il est certain que chacun s'est engagé à rendre possible, par quelque sacrifice personnel, ce qui est utile à tous ; mais le principe de l'indemnité due aux citoyens dont on prend la propriété est vrai dans tous les cas sans exception. Les charges de l'état doivent être supportées avec égalité et dans une juste proportion. Or, toute égalité, toute proportion serait détruite, si un seul ou quelques-uns pouvaient jamais être soumis à faire des sacrifices auxquels les autres citoyens ne contribueraient pas.

Après avoir déterminé le pouvoir de l'état sur les propriétés particulières, on a cherché à régler l'étendue et les limites du droit de propriété, considéré en lui-même et dans ses rapports avec les diverses espèces de biens.

Il résulte de tout ce qui a été dit que le droit de propriété s'applique tant aux meubles qu'aux immeubles.

C'est un principe constant chez toutes les nations policées que la propriété d'une chose, soit mobilière ou immobilière, s'étend *sur tout ce que cette chose produit.*

En conséquence, *les fruits naturels ou industriels de la terre ;*

Les fruits civils ;

Le croît des animaux, appartiennent au propriétaire.

On appelle *fruits naturels de la terre* ceux qu'elle produit sans le secours de l'art. On appelle *fruits industriels* ceux que la terre ne produirait pas sans le travail de l'homme. On ne croit pas avoir besoin de motiver la disposition qui rend propriétaire de ces fruits celui qui est déjà propriétaire de la terre même ; car, dans l'ordre et la marche des idées, c'est la nécessité de reconnaître le droit de cultivateur sur les fruits provenus de son travail et de sa culture, qui, au moins jusqu'à la récolte, a fait supposer

_____

(1) On sait le droit qu'a tout propriétaire qui n'a point d'issue pour arriver à son domaine, d'obliger les propriétaires à lui donner, en payant, passage sur leurs propres terres.

et reconnaître son droit sur le fonds même auquel il a appliqué ses labours. C'est ainsi que d'année en année le cultivateur s'assurant les mêmes droits par les mêmes travaux, la jouissance s'est changée pour lui en possession continue, et la possession continue en propriété. Il faut donc bien avouer que le propriétaire du fonds est nécessairement propriétaire des fruits, puisque c'est le droit originaire du cultivateur sur les fruits qui a fondé la propriété même du sol.

De plus, la propriété du sol serait absolument vaine, si on la séparait des émolumens naturels ou industriels que le sol produit. L'usufruit peut être séparé à tems de la propriété par convention ou par quelque titre particulier : mais la propriété et l'usufruit vont nécessairement ensemble, si l'on ne consulte que l'ordre commun et général.

La règle que nous avons établie pour les fruits naturels et industriels de la terre s'applique au croît des animaux qui sont élevés et nourris sur la terre par nos soins, et aux fruits civils qui sont le résultat d'une obligation légale ou volontaire.

Comme on ne peut recueillir sans avoir semé, les fruits n'appartiennent au propriétaire du sol qu'à *la charge de rembourser les frais des labours, travaux et semences faits par des tiers.*

Il serait trop injuste de percevoir l'émolument sans supporter la dépense, ou sans payer les travaux qui le produisent.

On a toujours distingué le simple possesseur du véritable propriétaire : la propriété est un droit, la simple possession n'est qu'un fait. Un homme peut être en possession d'une chose ou d'un fonds qui ne lui appartient pas : dès-lors peut-il s'approprier le produit de cette chose ou de ce fonds ? On décide, dans le projet de loi, que *le simple possesseur ne fait les fruits siens que dans le cas où il possède de bonne foi.*

La bonne foi est constatée *quand le possesseur jouit de la chose comme propriétaire et en vertu d'un titre translatif de propriété dont il ignore les vices.*

Il est censé ignorer les vices de son titre tant qu'on ne constate pas qu'il les connaissait.

La loi civile ne scrute pas les consciences ; les pensées ne sont pas de son ressort : à ses yeux le bien est toujours prouvé quand le mal ne l'est pas.

Non-seulement le droit de propriété s'étend sur tout ce qui est produit par la chose dont on est propriétaire, mais il s'étend encore sur tout ce qui s'y unit et s'y incorpore, *soit naturellement, soit artificiellement.* C'est ce qu'on appelle *droit d'accession.*

Pour bien apprécier le droit d'accession, il est nécessaire de parler séparément des choses mobilières et des choses immobilières.

Nous avons posé le principe que *la propriété du sol emporte la propriété de dessus et de dessous.*

Nous avons conclu que le propriétaire peut faire *audessus toutes les plantations et constructions, et au-dessous toutes les constructions et fouilles qu'il juge convenables.*

On comprend que la propriété serait imparfaite si le propriétaire n'était libre de mettre à profit pour son usage toutes les parties extérieures et intérieures du sol ou du fonds qui lui appartient, et s'il n'était le maître de tout l'espace que son domaine renferme.

Nous n'avons pourtant pas dissimulé que le droit du propriétaire, quelque étendu qu'il soit, comporte quelques limites que l'état de société rend indispensables.

Vivant avec nos semblables, nous devons respecter leurs droits, comme ils doivent respecter les nôtres. Nous ne devons donc pas nous permettre, même sur notre fonds, des procédés qui pourraient blesser le droit acquis d'un voisin ou de tout autre. La nécessité et la multiplicité de nos communications sociales ont amené, sous le nom de *servitudes* et sous d'autres, des devoirs, des obligations, des services qu'un propriétaire né pourrait méconnaître sans injustice et sans rompre les liens de l'association commune.

En général les hommes sont assez clair-voyans sur ce qui les touche. On peut se reposer sur l'énergie de l'intérêt personnel du soin de veiller sur la bonne culture. La liberté laissée au cultivateur et au propriétaire fait de grands biens et de petits maux. L'intérêt public est en sûreté quand, au lieu d'avoir un ennemi, il n'a qu'un garant dans l'intérêt privé.

Cependant, comme il est des propriétés d'une telle nature que l'intérêt particulier peut se trouver facilement et fréquemment en opposition avec l'intérêt général dans la manière d'user de ces propriétés, on a fait des lois et des réglemens pour en diriger l'usage. Tels sont les domaines qui consistent en mines, en forêts, et en d'autres objets pareils, et qui ont dans tous les tems fixé l'attention du législateur.

Dans nos grandes cités il importe de veiller sur la régularité et même sur la beauté des édifices qui les décorent. Un propriétaire ne saurait avoir la liberté de contrarier, par ses constructions particulières, les plans généraux de l'administration publique.

Un propriétaire, soit dans les villes, soit dans les champs, doit encore se résigner à subir les gênes que la police lui impose pour le maintien de la sûreté commune.

Dans toutes ses occurrences il faut soumettre toutes les affections privées, toutes les volontés particulières à la grande pensée du bien public.

Après avoir averti les propriétaires de l'étendue et des limites naturelles de leurs droits, on s'est occupé des hypothèses dans lesquelles la propriété foncière ou immobilière peut accidentellement s'accroître.

Il peut arriver, par exemple, qu'un tiers vienne faire des plantations dans le fonds d'autrui, ou y construire un édifice : à qui appartient cet édifice ou cette plantation? Nous supposons le tiers de bonne foi; car, s'il ne l'était pas, s'il n'avait fait qu'un acte d'émulation et de jalousie, son procédé ne serait qu'une entreprise, un attentat. Il ne s'agirait point de peser un droit, mais de réprimer un délit.

Les divers jurisconsultes ne se sont point accordés sur la question de savoir si la plantation faite dans le fonds d'autrui appartient à celui qui a planté, ou au propriétaire du fonds sur lequel la plantation a été faite. Les uns ont opiné pour le propriétaire du fonds, et les autres pour l'auteur de la plantation.

Il en est qui ont voulu établir une sorte de société entre le planteur et le propriétaire foncier, attendu que d'une part les plantes seront alimentées par le fonds, et que d'autre part elles ont par elles-mêmes un prix, une valeur qui ont été fournis par tout autre que celui à qui le fonds appartenaient. Il faut, a-t-on dit, faire un partage raisonnable entre les parties intéressées. Cette opinion est celle de *Grotius* et de quelques autres publicistes célèbres. *Grotius* a été réfuté par *Puffendorf*. Ce dernier a fait sentir avec raison tous les inconvéniens qu'il y aurait à établir une société forcée entre des hommes qui n'ont pas voulu être associés. Il a prouvé qu'il serait impossible de conserver l'égalité entre les parties intéressées dans le partage des produits d'une telle société. Il a observé qu'il serait dangereux d'asservir une propriété foncière à l'insu, et contre le gré du propriétaire, et que d'ailleurs chacun étant maître par le droit de faire cesser toute possession indivise, et de séparer ses intérêts de ceux d'autrui, il n'y avait aucun motif raisonnable d'imposer au propriétaire d'un fonds une servitude insolite, et aussi contraire au droit naturel qu'au droit civil.

A travers les différens systèmes des auteurs, nous sommes remontés au droit romain, qui décide qu'en général tout doit céder au sol, qui est immobile ; et qu'en conséquence, dans la nécessité de prononcer entre le propriétaire du sol et l'auteur de la plantation, qui ne peuvent demeurer en communion, malgré eux, pour le même objet, le propriétaire du sol doit avoir la préférence, et obtenir la propriété des choses qui ont été accidentellement réunies à son fonds. La loi romaine ne balance pas entre le propriétaire foncier et le tiers imprudent qui s'est permis, avec plus ou moins de bonne foi, une sorte d'incursion dans la propriété d'autrui.

Dans le projet de loi nous sommes partis du principe que toutes les plantations faites dans un fonds sont censées faites par le propriétaire de ce fonds et à ses frais, si le contraire n'est prouvé.

Nous donnons au propriétaire du sol sur lequel un tiers a fait des plantations la faculté de les conserver, ou d'obliger ce tiers à rétablir les lieux dans leur premier état.

Dans le premier cas nous soumettons le propriétaire à payer la valeur des plantations qu'il conserve et le salaire de la main-d'œuvre, sans égard à ce que le fonds même peut avoir gagné par la plantation nouvelle.

Dans le second cas le tiers planteur est obligé de rétablir les lieux à ses propres frais et dépens ; il peut même être exposé à des dommages et intérêts ; il supporte la peine de sa légèreté et de son entreprise.

Nous avons suivi l'esprit des lois romaines.

Nous décidons par les mêmes principes les questions relatives aux constructions de bâtimens, et autres ouvrages faits par un tiers sur le sol d'autrui ; nous donnons au propriétaire la même alternative. Nous avons pensé qu'on ne saurait trop avertir les citoyens des risques qu'ils courent quand ils se permettent des entreprises contraires au droit de propriété.

Nous avons excepté de la règle générale le cas où celui qui aurait planté ou construit dans le fonds d'autrui, serait un possesseur de bonne foi qui aurait été évincé sans être condamné à la restitution des fruits, et qui aurait planté ou construit pendant sa possession. Dans ce cas, le propriétaire est tenu, ou de payer la valeur des constructions ou plantations, ou de payer une somme égale à l'augmentation de valeur que ces plantations et constructions peuvent avoir apporté au sol.

Nous nous sommes occupés de l'hypothèse où le propr...

faire d'un fonds fait des plantations et constructions avec des matériaux qui appartiennent à un tiers.

Nous avons pensé, dans une telle hypothèse, que ce tiers n'a pas le droit d'enlever ses matériaux, mais que le propriétaire du fonds doit en payer la valeur, et qu'il peut même, selon les circonstances, être condamné à des dommages et intérêts. Cela est fondé sur le principe que personne ne peut s'enrichir aux dépens d'autrui.

Le projet de loi termine la grande question des *alluvions*. Il décide, conformément au droit romain, *que l'alluvion profite au propriétaire riverain, soit qu'il s'agisse d'un fleuve ou d'une rivière navigable, flotable ou non, à la charge, dans le premier cas, de laisser le marchepied, ou chemin de halluge, conformément aux réglemens.*

Les principes de la féodalité avaient obscurci cette matière; on avait été jusqu'à prétendre que les alluvions formées par les fleuves et rivières appartenaient au prince lorsqu'il s'agissait d'une rivière ou d'un fleuve navigable, ou au seigneur haut-justicier lorsqu'il s'agissait d'une rivière ou d'un fleuve non navigable. Les propriétaires riverains étaient entièrement écartés par la plupart des coutumes.

Dans les pays de droit écrit ces propriétaires s'étaient pourtant maintenus dans leurs droits : mais on voulut les en dépouiller peu d'années avant la révolution, et l'on connaît à cet égard les réclamations solennelles de l'ancien parlement de Bordeaux, qui repoussa avec autant de lumières que de courage les entreprises du fisc, et les intrigues ambitieuses de quelques courtisans dont le fisc n'était que le prête-nom.

Il fut établi à cette époque que les alluvions doivent appartenir au propriétaire riverain, par cette maxime naturelle que le profit appartient à celui qui s'est exposé à souffrir le dommage dont les propriétés riveraines sont menacées plus qu'aucune autre. Il existe pour ainsi dire une sorte de contrat aléatoire entre le propriétaire du fonds riverain et la nature, dont la marche peut à chaque instant ravager ou accroître ce fonds.

Le système féodal a disparu ; il ne peut plus faire obstacle au droit des riverains.

Mais dira-t-on que les fleuves et les rivières navigables sont des objets qui appartiennent au droit public et des ... , et qu'ainsi les alluvions produites par ces fleures et par ces rivières, ne peuvent devenir la matière d'une propriété privée ?

Nous répondrons avec *Dumoulin* que les propriétés privées ne peuvent certainement s'accroître des choses dont l'usage doit demeurer essentiellement public, mais que toutes celles qui sont susceptibles de possession et de domaine, quoiqu'elles soient produites par d'autres qui sont régies par le droit public, peuvent devenir des propriétés privées, et le deviennent en effet comme les *alluvions* qui sont produites par les fleuves et les rivières navigables, et qui sont susceptibles par eux-mêmes d'être possédés par des particuliers, à l'instar de tous les autres héritages.

Nous avons cru devoir rétablir les propriétaires riverains dans l'exercice de leurs droits naturels. Nous les avons seulement soumis, relativement aux fleuves et rivières navigables, à laisser libre l'espace de terrain suffisant pour ne pas nuire aux usages publics.

Ce que nous avons dit des *alluvions s'applique aux relais que forme l'eau courante qui se retire insensiblement de l'une de ses rives en se portant vers l'autre. Le propriétaire de la rive découverte profite de ces relais, sans que le riverain du côté opposé puisse venir réclamer le terrain qu'il a perdu.* Entre riverains, l'incertitude des accidens forme la balance des pertes et des gains, et maintient entre eux un équilibre raisonnable.

Les délaissemens formés par la mer sont régis par d'autres principes, parce qu'ils tiennent à un autre ordre de choses: ils sont exceptés des maximes que nous avons établies.

Si un fleuve ou une rivière opère une révolution subite dans la propriété d'un riverain, et emporte une partie considérable de cette propriété pour la joindre à une autre, le propriétaire évincé par le fleuve ou par la rivière peut réclamer pendant un an la portion de terrain dont il a été si brusquement dépouillé; mais après ce tems il ne peut plus réclamer.

L'alluvion n'a pas lieu à l'égard des lacs et étangs, dont le propriétaire conserve toujours le terrain que l'eau couvre quand elle est à la hauteur de la décharge de l'étang, encore que le volume de l'eau vienne à diminuer.

Réciproquement le propriétaire de l'étang n'acquiert aucun droit sur terres riveraines que son eau vient à couvrir dans les crues extraordinaires.

La justice de cette disposition est évidente par elle-même.

Quant aux îles, on distingue si elles se sont formées dans une rivière navigable ou flotable, ou dans une rivière qui n'a aucun de ces deux caractères. Dans le premier cas, elles appartiennent à la nation; dans le second, elles se partagent entre les riverains des deux côtés, si elles sont sur le milieu de la rivière; ou elles appartiennent au propriétaire riverain du côté où elles se sont formées.

Si une rivière ou un fleuve, en se formant un bras nouveau, coupe et embrasse le champ d'un propriétaire riverain et en fait une île, ce propriétaire conserve la propriété de son champ, encore que l'île se soit formée dans une rivière ou dans un fleuve navigable ou flotable.

C'est la justice même qui commande cette exception. La cité dédaignerait un moyen d'acquérir qui aurait sa source dans la ruine et le malheur du citoyen.

Un fleuve ou une rivière abandonne-t-elle son ancien lit pour se former un nouveau cours, les propriétaires des fonds nouvellement occupés prennent, à titre d'indemnité, l'ancien lit abandonné, chacun dans la proportion du terrain qui lui a été enlevée.

Les animaux peuvent sans doute devenir un objet de propriété. On distingue leurs différentes espèces :

La première est celle des animaux sauvages; la seconde, celle des animaux domestiques; et la troisième, celle des animaux qui ne sont ni entièrement domestiques, ni entièrement sauvages. Les animaux de la première espèce sont ceux qui ne s'habituent jamais au joug ni à la société de l'homme: le droit de propriété sur ces animaux ne s'acquiert que par l'occupation, et il finit avec l'occupation même.

Les animaux domestiques ne sortent pas de la propriété du maître par la fuite: celui-ci peut toujours les réclamer.

Les animaux de la troisième espèce, qui ne sont ni entièrement domestiques ni entièrement sauvages, appartiennent, par droit d'accession, au propriétaire du fonds dans lequel ils ont été se réfugier, à moins qu'ils n'y aient été attirés par artifice.

Les animaux de cette troisième espèce sont l'objet d'une disposition particulière du projet de loi.

Nous allons examiner actuellement le *droit d'accession* par rapport aux choses mobilières.

Ici la matière est peu susceptible de principes absolus. L'équité seule peut nous diriger.

La règle générale est que l'accessoire doit suivre le principal, à la charge par le propriétaire de la chose principale de payer la valeur de la chose accessoire.

Mais, dans les choses mobilières, la difficulté est de discerner la chose qui doit être réputée principale d'avec celle qui ne doit être réputée qu'accessoire.

On répute chose accessoire celle qui n'a été unie que pour l'usage et l'ornement d'une autre.

Néanmoins, quand la chose unie est beaucoup plus pré-

cieuse que la chose principale, et quand elle a été employée
à l'insu du propriétaire, celui-ci peut demander que la
chose unie soit séparée pour lui être rendue, même quand
il pourrait en résulter quelques dégradations de la chose à
laquelle elle a été jointe.

Dans le doute on peut regarder comme l'objet principal
celui qui est le plus précieux, et regarder comme simplement accessoire celui qui est de moindre prix dans les choses d'égale valeur : c'est le volume qui détermine.

Si un artiste a donné une nouvelle forme à une matière
qui ne lui appartenait pas, le propriétaire de la matière doit
obtenir la préférence en payant la main-d'œuvre.

S'il s'agit pourtant d'une vile toile animée par le pinceau
d'un habile peintre, ou d'un bloc de marbre auquel le ciseau
d'un sculpteur aura donné la respiration, le mouvement et
la vie, dans ce cas et autres semblables l'industrie l'emporte
sur le droit de propriétaire de la matière première.

Une personne a-t-elle employé à un ouvrage quelconque
une portion de matière qui lui appartenait et une autre
portion qui ne lui appartenait pas, la chose devient commune aux deux propriétaires dans la portion de leur intérêt
respectif.

Si une chose a été formée par un mélange de plusieurs
matières appartenant à divers propriétaires, le propriétaire
de la matière la plus considérable et la plus précieuse peut
demander à garder le tout, en remboursant le prix des
matières qui ne lui appartenaient pas.

Si on ne peut distinguer quelle est la plus précieuse des
matières mélangées, la chose provenue du mélange demeu-
rera commune à tous les divers propriétaires.

La communauté donne ouverture à la licitation.

Dans tous les cas où le propriétaire de la matière
employée à un ouvrage sans son aveu peut réclamer
l'entière propriété du tout, il lui est libre de demander le
remplacement de sa matière en même nature, quantité,
poids, mesure et bonté, ou d'exiger qu'on lui en paie
la valeur.

Au reste, suivant les circonstances, le propriétaire a
l'action en dommages et intérêts, et même l'action crimi-
nelle contre celui qui a employé à son insu une matière
qui ne lui appartenait pas.

Ses règles qui viennent d'être tracées ne sauraient convenir à toutes les hypothèses. Tout ce que peut le législateur en pareille occurrence, c'est de diriger le juge. C'est
à la sagesse du juge, dans une matière aussi arbitraire,
à résoudre les différens cas qui peuvent se présenter, et
qui n'ont pu être l'objet d'une prévoyance particulière.

Telle est, citoyens législateurs, dans son ensemble et dans ses détails, le projet de loi *sur la propriété.*

Vous ne serez point surpris que ce projet se réduise à quelques définitions, à quelques règles générales ; car le corps entier du Code civil est consacré à définir tout ce qui peut tenir à l'exercice du droit de propriété, droit fondamental, sur lequel toutes les institutions sociales reposent, et qui, pour chaque individu, est aussi précieux que la vie même, puisqu'il lui assure les moyens de la conserver.

La cité n'existe, disait l'orateur romain, que pour que chacun conserve ce qui lui appartient. Avec le secours de cette grande vérité, cet orateur philosophe arrêtait dans son tems tous les mouvemens des factions occupées à désorganiser l'empire.

C'est à leur respect pour la propriété que les nations modernes sont redevables de cet esprit de justice et de liberté qui, dans les tems même de barbarie, sut les défendre contre les violences et les entreprises du plus fort. C'est la propriété qui posa dans les forêts de la Germanie les premières bases du gouvernement représentatif. C'est elle qui a donné naissance à la constitution politique de nos anciens pays d'états, et qui, dans ces derniers tems, nous a inspiré le courage de secouer le joug, et de nous délivrer de toutes les entraves de la féodalité.

Citoyens législateurs, la loi reconnaît que la propriété est le droit de disposer de son bien de la manière la plus absolue, et que ce droit est sacré dans la personne du moindre particulier. Quel principe plus fécond en conséquences utiles !

Ce principe est comme l'ame universelle de toute la législation ; il rappelle aux citoyens ce qu'ils se doivent entre eux, et à l'état ce qu'il doit aux citoyens ; il modère les impôts ; il fixe le règne heureux de la justice ; il arrête dans les actes de la puissance publique les grâces qui seroient préjudiciables aux tiers ; il éclaire la vertu et la bienfaisance même ; il devient la règle et la mesure de la sage composition de tous les intérêts particuliers avec l'intérêt commun ; il communique ainsi un caractère de grandeur et de majesté aux plus petits détails de l'administration publique.

Aussi vous avez vu le génie qui gouverne la France établir sur la propriété les fondemens inébranlables de la république.

Les hommes dont les possessions garantissent la fidélité sont appelés désormais à choisir ceux dont les lumières, la sagesse et le zèle doivent garantir les délibérations.

En sanctionnant le nouveau Code civil vous aurez af-

2

fermi, citoyens législateurs, toutes pc. institutions na-
tionales.

Déjà vous avez pourvu à tout ce qr. concerne l'état des
personnes : aujourd'hui vous commencez à régler ce qui
regarde les biens. Il s'agit, pour ainsi dire, de lier la stabilité de la patrie à la stabilité même du territoire: On ne
peut aimer sa propriété sans aimer les lois qui la protègent.
En consacrant des maximes favorables à la propriété, vous
aurez inspiré l'amour des lois; vous n'aurez pas travaillé
seulement au bonheur des individus, à celui des familles
particulières : vous aurez créé un esprit public, vous aurez
ouvert les véritables sources de la prospérité générale, vous
aurez préparé le bonheur de tous.

IIIᵉ. LOI. — *Motifs du titre III, exposés au Corps législatif par le Conseiller d'état GALLI.*

CITOYENS LÉGISLATEURS, nous venons vous présenter,
au nom du gouvernement, le titre de l'*Usufruit*, de l'*U-
sage* et de l'*Habitation*, qui est le IIIᵉ du livre II du projet
de Code civil.

Ce titre est divisé en deux chapitres :

Le premier concerne l'usufruit ;

Le second l'usage et l'habitation.

On débute, dans le premier, par définir ce que c'est que
l'usufruit. C'est, dit-on, le droit de jouir des choses dont
un autre a la propriété, avec le même avantage que le
propriétaire lui-même, mais à la charge d'en conserver la
substance.

A la vérité, quelque difficile que puisse être toute définition, (1) et malgré qu'il soit très-dangereux d'en insérer
dans un corps de lois, cependant, comme celui dont il
s'agit n'est pas seulement une nouvelle règle pour les juges,
mais bien aussi une instruction pour chaque citoyen, il est
bon d'y en trouver quelques-unes brièves et précises, qui,
éclairant les juges et les parties en même tems, ôtent,
s'il se peut, toute incertitude, et toutes ces difficultés que
de justes doutes et des chicanes pourraient élever.

Aussi remarquez bien qu'on ne dit pas ce que d'autres ont
dit, (2) que l'usufruit est le droit de jouir d'une chose dont
on est le propriétaire, *la conservant entière et sans la détériorer ni la diminuer.* Ces dernières paroles porteraient

(1) L. 202, ff. de Regulis Juris.
(2) Domat, liv. I, tit. II, de l'Usufruit, §. I.

l'exclusion des choses qui se consomment par l'usage, ou qui diminuent, desquelles cependant on peut avoir l'usu-fruit sous le nom, comme s'expriment les praticiens, d'u-sufruit impropre, ou *quasi usufructus*, comme le dit formellement le texte dans les *Institutes*, (2) et ce par suite de la règle générale que l'usufruit peut s'établir sur toutes les choses qui sont en notre patrimoine, (3) soit qu'elles se conservent, soit qu'elles diminuent, soit qu'elles se consomment.

Voilà pourquoi, dans ce Code on a préféré l'expression de la loi romaine, (4) *salva rerum substantia*.

Et voici pourquoi il est déclaré à l'article 574 que l'u-sufruit peut être établi sur *toute espèce de biens meubles ou immeubles*. Oui, sur toute espèce, et par conséquent sur ces choses aussi qui se consomment par l'usage, ou qui diminuent.

A l'art. 579 il est dit : l'usufruit est établi par la loi, ou par la volonté de l'homme. Certes, par l'une et par l'autre.

Par la loi, tel que l'usufruit légal, appartenant aux pères et mères sur le bien de leurs enfans, dont il est parlé à l'ar-ticle 594.

Par la volonté de l'homme, tel que celui qui est porté par un testament, par un contrat. C'est cet usufruit, ci-toyens législateurs, qui nous procure, qui nous facilite des libéralités, des actes de bienfaisance et de gratitude. C'est par le moyen de cet usufruit que se combinent quelquefois les transactions les plus épineuses, que se font les acquisi-tions les plus importantes et les plus difficiles ; c'est par lui que les époux se rendent mutuellement les derniers témoi-gnages de leur amour et de leur tendresse.

Les fruits civils sont réputés, comme il est dit dans l'ar-ticle 579, s'acquérir jour par jour, et appartiennent à l'usufruitier, à proportion de la durée de son usufruit.

Or, on a très-bien fait d'appliquer cette règle au prix des baux à ferme, comme aux loyers des maisons et aux autres fruits civils, dans la classe desquels, à l'art. 572, on avait déjà rangé le prix des baux à ferme.

Cette application, dis-je, a été très-bonne, puisqu'à son appui viennent à cesser toutes les questions qui agi-taient autrefois entre le propriétaire et l'héritier de l'usu-

(2) L. 2 *De Usuf.*
(3) L. 1. *De Usuf.* juncto, §. 2. Instit. *de Usuf.*
(4) *In lege princip.* §. C. *de Usuf.*

fruitier, sur le mode de répartir un prix qui, représentant des fruits naturels, paraissait devoir suivre la nature de ceux-ci et non celle des autres.

A l'égard des arbres qu'on peut tirer d'une pépinière, il est dit, dans l'article 583, de se conformer aux usages des lieux pour leur remplacement.

Quant aux échalas pour les vignes qu'on peut prendre dans les bois, et quant aux produits annuels ou périodiques, qu'on peut prendre sur les arbres, il est statué, à l'art. 586, que l'on doit suivre l'usage du pays, ou la coutume du propriétaire.

Vous voyez par-là, citoyens législateurs, respectées et maintenues partout où il le faut les habitudes, les coutumes des peuples

Cette excellente partie de législation ne serait-elle pas également due aux sages réflexions des rédacteurs du projet, puisqu'ils ont, dans leur discours préliminaire, très-ouvertement manifesté l'empressement qu'ils avaient qu'il y eût une tradition suivie d'usages, de maximes, de règles, pour que l'on puisse, en certains cas, juger aujourd'hui comme on a déjà jugé hier? (1)

A l'art. 595 il est dit que si l'usufruitier ne trouve pas de caution, les immeubles sont donnés à ferme ou mis en séquestre ;

Les sommes comprises dans l'usufruit sont placées;

Les denrées sont vendues, et le prix en provenant est pareillement placé ;

Les intérêts de ces sommes et les prix des fermes appartiennent, dans ce cas, à l'usufruitier.

Cette jurisprudence est bien plus judicieuse, bien plus mûrie que celle de ces pays où il est dit que si l'usufruitier, par sa pauvreté, par son impuissance, ou parce qu'il est étranger, ne trouve point de caution, l'on doit alors s'en tenir à la caution juratoire. Mais cette caution juratoire serait-elle aussi satisfaisante pour le propriétaire? Cette caution, qui n'est que de paroles, pourrait-elle valoir au propriétaire autant que lui valent les moyens ci-dessus prescrits?

Néanmoins, s'il est juste de n'admettre aucune caution juratoire dans le cas ci-dessus énoncé, il est également équitable, d'après les principes d'une juste considération, de l'avoir adoptée dans le cas de l'article 596, où il est précisément dit que l'usufruitier peut demander et les juges peuvent accorder, suivant les circonstances, qu'une

_____

(1) Projet du Code, discours préliminaire.

partie des meubles nécessaires pour son usage lui soit dé-
laissée sous sa simple caution juratoire.

L'art. 612 dispose que l'usufruit qui n'est pas accordé
à des particuliers ne dure que trente ans.

On n'a point partagé ici l'opinion du texte romain : (1)
Placuit centum annis tuendos esse municipes.

A la vérité on ne pourrait trouver bien solide la raison
qui y est alléguée, *quia is finis vitæ longævi hominis est.*

Comment! parce qu'un homme peut vivre cent ans, il
faudra décerner l'usufruit aussi pour cent ans à une ville
ou autre communauté! Je n'en comprends pas la conséquence, mais je comprends bien la droiture de votre im-
mortel Domat, qui lui-même devança l'opinion de notre
Code, et n'eut pas de peine à dire qu'il y aurait eu bien plus
de raison de fixer cet usufruit à trente années seulement. (2)

Vous verrez, citoyens législateurs, qu'après avoir donné
avec beaucoup de précision la définition de l'usufruit, après
en avoir expliqué la nature, après avoir dit comment et
sur quelle chose il peut s'établir, on est passé de suite, art.
578 et suivans, aux droits de l'usufruitier, sans s'occuper
des autres distinctions que des interprètes des siècles passés
avaient inventées par des noms étrangers au texte et vraiment barbares; telle que seroit celle *inter usumfructum
causalem et usumfructum formalem*, sous le prétexte
qu'elles étaient plus propres à l'intelligence des anciens jurisconsultes, lorsqu'au contraire il n'en est résulté que de
grandes disputes aux écoles, et mille procès à la postérité.

Je finis, citoyens législateurs, par demander quelque
indulgence pour moi, si je vous ai entretenus plus qu'il ne
fallait du droit romain. Je suis né en Italie, d'où il tire
son origine, où les *Pandectes* ont été retrouvées, où ses
maximes triomphent, et où il faisait notre droit commun.

Il n'est donc pas surprenant que j'y sois attaché : mais ce
qui m'excuse davantage, et même ce qui me justifie par-
devant vous, c'est un Français, c'est Dumoulin, dans sa
préface de la coutume de Paris, n°. 110. *E jure scripto
mutuamur quod æquitati consonum invenitur, non quod
fuerimus subditi Justiniano aut successoribus ejus, sed
quia jus illo auctore à sapientissimis viris ordinatum,
tam est æquum, rationabile, et undequaque absolutum, sit
omnium ferè christiandrum gentium usu et approbatione
commune sit effectum.*

_____

(1) L. 8, ff. *De Usuf. et Usuf. legato. L. An Usuf.* 56
de *Uusuf.*

(2) Titre XI de l'Usufruit, *in fine.*

Je ne m'arrête pas à vous faire une plus ample analyse des autres dispositions de cet article premier, ni de celles de l'article second, qui concerne l'usage et l'habitation; elles ne souffrent pas la moindre objection, et n'ont par conséquent pas besoin d'être développées : il suffira donc de vous en faire lecture pour que leur justice et leur utilité vous soient connues à l'instant.

Sans doute, citoyens législateurs, c'est un honneur bien grand que celui de pouvoir monter à cette auguste tribune, et il est encore plus grand pour moi, qui seul n'aurais jamais pu y aspirer.

Oui, citoyens législateurs, ce n'est que le bénéfice de la réunion accordée au peuple piémontais qui a rejailli sur moi par un effet du hasard, plus que par celui d'autres circonstances qui dussent me protéger.

C'est dans cette journée, citoyens législateurs, que je viens vous parler pour la première fois; c'est aujourd'hui que je dois remplir ma tâche envers vous.

Instruit depuis quelque tems par les lumières de mes illustres collègues, j'ai quelquefois espéré de pouvoir y satisfaire; mais, d'autre part, ébloui chaque jour par leur éloquence, frappé de l'énergie de leurs sentimens, pénétré de la justesse de leurs maximes, je n'ai pas le courage d'élever ma voix impuissante et timide après tant de Démosthènes, de Cicérons et d'Eschines.

Je ferais donc beaucoup mieux, en resserrant mon discours, de le soustraire à une plus ample et toujours juste censure.

Devenu citoyen français seulement depuis une très-courte époque, il n'est pas surprenant que, par rapport à la France, je n'aie pas suivi le conseil d'un de vos plus célèbres magistrats, de d'Aguesseau, lorsqu'il dit qu'une de nos premières études doit être celle de notre patrie, de son histoire, de sa législation, de ses mœurs.

Par conséquent, je ne suis pas à même, autant qu'un français, de discerner toutes les beautés de votre Code, celles, dis-je, qui résultent de son parallèle avec les abus et les vices du précédent.

Je connais quelques-uns de ses inconvéniens, tels que cette masse immense, cet informe chaos de tant de coutumes; mais, je le répète, je ne suis pas à portée de calculer exactement, et par une juste comparaison, tout le bien de l'un et tout le mal de l'autre.

En vérité, citoyens législateurs, je crains fort que par suite de ce nouveau Code ne soient presque ensevelis dans un éternel oubli ces grands jurisconsultes de la France, Duaren, Talon, Térascon, d'Aguesseau, Domat, Potier, et je serais plus fâché encore d'y voir enseveli un Cujas, un Favre.

Voulez-vous savoir le motif de ma juste prédilection ? je vous le dirai.

Cujas, natif de Toulouse, fut appelé en Piémont par Emmanuel Philibert. C'est dans ses écrits que les Piémontais apprirent les vrais élémens de la jurisprudence. Oui, l'université de Turin s'honore toujours de son nom. Les Piémontais furent ses disciples, les Piémontais lui sont reconnaissans, et le seront à jamais.

Et quant à Favre, jadis premier président à Chambéry, ignorez-vous qu'il naquit à Bourg en 1557 ? ignorez-vous que la Bresse était alors sous la domination de la Savoie ?

D'autre part, il est consolant pour moi de penser qu'autant le nouveau Code est le fruit de profondes méditations, autant il fut puisé dans les sources des lois romaines.

Et c'est d'après une source si pure et si sacrée, c'est d'après l'appui de tant d'hommes savans dont la France abonde, que son restaurateur, le génie du monde, s'est intimement persuadé de ce que disait Euripide : *Nihil est in civitate præstantius quam leges bene positæ.*

Pardon, citoyens législateurs, si mon amour pour le Piémont m'a détourné quelque peu de l'objet de notre mission.

IVe. LOI. — *Motifs du titre IV, exposés au Corps législatif par le Conseiller d'état* BERLIER.

CITOYENS LÉGISLATEURS, un projet de loi sur la propriété vous a été soumis il y a peu de jours ; ses droits vous ont été développés avec beaucoup d'étendue : mais la propriété est susceptible de modifications, comme toutes les institutions de l'ordre social.

Ainsi diverses causes peuvent concourir à l'assujettissement d'un fonds originairement franc ; ainsi à côté de la liberté des héritages se placent les *servitudes* ou *services fonciers* dont nous venons vous entretenir aujourd'hui.

Il ne s'agit point ici de ces prééminences d'un fonds sur l'autre, qui prirent naissance dans le régime à jamais aboli des fiefs.

Il ne s'agit pas non plus de services imposés à la personne et en faveur d'une personne, mais seulement à un fonds et pour un fonds.

Dans ce travail, le gouvernement n'a point aspiré à la création d'un système nouveau : en respectant les usages autant qu'il était possible, il a rapproché et concilié les règles de la matière ; et malgré son extrême desir d'établir l'*uniformité* dans cette partie de la législation, comme dans les autres, il y a quelquefois renoncé quand des différences locales la repoussaient invinciblement.

Pour vous mettre, citoyens législateurs, à même d'apprécier ce travail, je ne m'astreindrai point à justifier en détail chacun de ses nombreux articles.

Tout ce qu'un usage constant et conforme aux règles de la justice a consacré depuis des siècles, n'a pas besoin d'être motivé, et notre projet compte bien peu de dispositions qui ne soient dans ce cas.

Je me bornerai donc à vous offrir quelques notions générales de l'ordre qui a été suivi dans la *rédaction de ce projet*, et des vues qui y ont présidé.

Les servitudes se divisent en trois classes : les unes dérivent de la situation des lieux, les autres sont établies par la loi ; la troisième espèce s'établit par le fait de l'homme.

Les deux premières classes ont quelque affinité entre elles ; la troisième en est essentiellement distincte : mais comme elles ont chacune un caractère et des effets qui leur sont propres, je vais les examiner séparément et dans l'ordre qui leur est assigné par le projet de loi.

Des servitudes qui dérivent de la situation des lieux.

Les *eaux* se placent au premier rang des servitudes de cette espèce. C'est par la nature des choses que les fonds inférieurs sont assujettis à recevoir les eaux qui découlent des héritages supérieurs ; ainsi le propriétaire d'un héritage inférieur ne peut se soustraire à cette servitude, qui est une charge tracée par la nature elle-même.

De son côté, le propriétaire de l'héritage supérieur ne peut aggraver la servitude, ni changer le cours des eaux d'une manière qui porte dommage à l'héritage inférieur.

Ces règles sont fondées d'une part sur la nécessité, et de l'autre sur l'équité. Mais la question des eaux se présente aussi sous un autre rapport.

En effet, de même que les eaux peuvent être pour l'héritage inférieur une chose incommode, onéreuse, en un mot une vraie servitude, de même, et en plusieurs circonstances, elles peuvent lui offrir de grands avantages.

Cette situation particulière, considérée dès son origine, ne confère aucun droit de plus à l'héritage inférieur envers l'héritage supérieur dans lequel il y a une source.

Cette source faisant partie de la propriété comme le terrain même, le propriétaire du terrain où est la source peut en disposer à sa volonté.

Mais si, pendant plus de trente ans, ce propriétaire a

laissé aux eaux de sa source un cours à l'occasion duquel le propriétaire de l'héritage inférieur ait fait des travaux *apparens* dans la vue d'user de ces eaux, et qu'en cet état celui-ci en ait acquis la possession trentenaire, cette possession ainsi caractérisée a semblé suffisante pour établir les droits de l'héritage inférieur.

Dans cette espèce, les rôles changent ; et c'est l'héritage supérieur qui est assujetti envers l'héritage inférieur à respecter une possession qui, accompagnée d'actes *patens* et *spéciaux*, peut être considérée comme la suite d'arrangemens passés entre deux propriétaires ou leurs auteurs.

Hors ce cas, et celui où l'utilité publique ou communale réclame l'usage d'une source, le propriétaire en a l'absolue disposition, de manière toute fois qu'il n'aggrave point la condition de ses voisins.

Tels sont les principes que notre projet pose sur la matière des eaux, en y ajoutant quelques règles sur l'usage que peuvent tirer *des eaux courantes* les propriétés qui les bordent.

Toutes ces décisions sont conformes à la raison et à la justice.

Mais si les eaux et leur cours tiennent le premier rang parmi les servitudes *naturelles*, il en est d'autres que la situation des lieux entraîne aussi évidemment.

Tels sont, en certains cas, les clôtures et le bornage.

A la vérité, quelques auteurs, en ne considérant comme *servitude* que les devoirs susceptibles d'un exercice journalier ou du moins périodique, ont pensé que ce qui avait trait aux actions que nous examinons, et notamment *au bornage*, n'était que la matière d'un réglement entre voisins.

Mais en mettant à l'écart toute dispute de mots, si le bornage est un devoir réciproque de tout propriétaire rural envers son voisin qui le réclame, cette règle se place naturellement ici.

J'ai parlé des servitudes qui dérivent de la situation des lieux ; je passe à celles qui sont établies par la loi.

Des servitudes établies par la loi.

Je dirai peu de chose des servitudes qui sont, en certains cas, établies pour l'utilité publique ou communale.

Un chemin est-il à faire, un édifice public est-il à construire, la propriété particulière cède moyennant indemnité, au besoin général.

Ce principe, exprimé déjà au *titre de la propriété*, n'est rappelé ici que pour le complément du tableau.

Mais cette espèce de servitude, qui, plaçant sur tous les fonds, en atteint par intervalles quelques-uns, et en absorbe plusieurs, peut n'être considérée que comme accidentelle ; et, malgré son importance, ne tenir ici qu'une place secondaire.

C'est sous ce point de vue que notre projet la considère ; il n'en parle que transitoirement, et s'occupe spécialement des servitudes qui de leur nature se rattachant à l'état habituel des propriétés particulières entre elles, ont leurs effets réglés par la loi, indépendamment de la volonté particulière, et nonobstant toute opposition dont l'un voudrait user envers l'autre.

Cette classe de servitudes se subdivise elle-même en un fort grand nombre d'espèces : la mitoyenneté des murs ; la distance requise pour certaines constructions, ou le contre-mur ; les vues sur la propriété du voisin ; l'égout des toits, et le droit de passage.

Peu de mots sur chacune de ces servitudes suffiront pour faire connaître l'organisation qui leur est propre.

L'une des plus importantes, sans doute, est la mitoyenneté des murs, dont nos principales coutumes se sont occupées avec beaucoup d'étendue.

Le droit romain a bien aussi quelques textes relatifs au mur commun ; mais cette source n'était en cette occasion ni la plus féconde, ni la meilleure ; car les maisons de Rome, bâties sans contiguïté entre elles (ainsi que nous l'apprennent les lois romaines de ce peuple, où elles sont ordinairement désignées sous le nom d'îles (insulæ), ne pouvaient donner lieu entre voisins aux mêmes difficultés que chez nous, ou du moins ces difficultés devaient y être bien rares.

Les nombreuses dispositions de nos coutumes sur le mur mitoyen, nées de nos besoins, et de la forme même de nos habitations, nous offraient un guide plus sûr et plus adapté à notre situation.

Le projet les a donc suivies, et les a puisées surtout dans la coutume de Paris, avec laquelle la plupart des autres s'accordent, et qui même est devenue en plusieurs points la base de la jurisprudence des pays de droit écrit.

Une assez grave divergence pourtant existait entre quelques parties du territoire français, et notamment entre les pays coutumiers et ceux de droit écrit; non sur les effets de la mitoyenneté une fois acquise, mais sur le mode même de l'acquérir.

Dans une partie de la république, la mitoyenneté ne s'acquérait et ne s'acquiert encore aujourd'hui, que par le concours de deux volontés; il ne suffit pas que l'une

d s parties veuille l'acquérir, il faut que l'autre y con-
sente : c'est un contrat ordinaire ; et si le voisin refuse,
à quelque prix que ce soit, de donner part à son mur,
celui qui desire la mitoyenneté est tenu d'y renoncer,
et de bâtir sur son fonds un mur qui lui reste en
totalité.

Dans beaucoup d'autres contrées, et notamment dans
le vaste ressort de la coutume de Paris, suivie sur ce point
par un grand nombre d'autres, l'acquisition de la mitoyenneté s'opère par la disposition de la loi, et sous la seule
obligation de rembourser la moitié de la valeur du mur et
du sol.

Cette règle est celle que nous avons suivie comme la
seule propre à prévenir des refus dictés par l'humeur ou
le caprice, souvent contre l'intérêt même de celui à qui
la mitoyenneté est demandée, et toujours contre les devoirs
du bon voisinage.

Ainsi, la mitoyenneté des murs est justement classée
parmi les servitudes *légales;* autrement elle eût appartenu
aux servitudes *conventionnelles.*

Je ne parlerai point de la manière dont le projet règle
les effets et les droits de la mitoyenneté *des murs,* ainsi
que les caractères auxquels devra se reconnaître la mitoyenneté est demandée *des fossés et des haies.*

En établissant à ce sujet un droit commun, on l'a
fondé sur nos habitudes et sur les usages reçus le plus
universellement.

Mais la conciliation des usages a été jugée impossible
lorsqu'il a été question *des plantations limitrophes,* ou du
moins il n'a pas été permis de les assujettir à une mesure
commune et uniforme.

Les principes généraux déduits de la seule équité in-
diquent suffisamment, sans doute, que le droit de tout
propriétaire cesse là où commencerait un préjudice pour
son voisin ; mais cette primitive donnée, commune à toutes
les parties du territoire, n'écarte point la difficulté que
nous venons d'indiquer. En effet, à quelle distance de
l'héritage voisin sera-t-il permis de planter des arbres de
haute tige, ou autres ? Sera-ce à un ou deux mètres
pour les premiers, à un demi-mètre pour les seconds ? et
la fixation précise d'une distance quelconque est-elle com-
patible avec la variété des cultures et du sol sur un territoire aussi étendu que celui de la république.

Pour ne rien retrancher du légitime exercice de la
propriété, mais pour ne pas blesser non plus les droits
du voisinage, il a donc fallu se borner à indiquer sur

ce point, et par voie de disposition générale, une distance commune, en l'absence de réglemens et usages locaux.

Il n'a pas été moins nécessaire de renvoyer à ces réglemens et usages tout ce qui se rapporte aux *contre-murs*, ou, à défaut de contre-murs, aux distances prescrites pour certaines constructions que l'on voudrait faire près d'un mur voisin, mitoyen ou non.

En effet, la loi ne saurait prescrire l'emploi de tels ou tels matériaux qui n'existent pas également partout : ici se trouve la pierre de taille, là il n'y a que de la brique, et pourtant ces élémens sont la vraie, l'unique mesure des obligations ultérieures; car mon voisin, s'il veut construire une cheminée, une forge ou un fourneau, ne peut néanmoins mettre ma propriété en danger, et elle y sera selon qu'il emploiera tels matériaux au lieu de tels autres, ou que, suivant la nature de mes constructions, il en rapprochera plus ou moins les siennes.

Il a donc fallu encore s'en rapporter sur ce point aux réglemens et usages locaux, et renoncer, par nécessité, au bénéfice de l'uniformité dans une matière qui ne la comportait pas.

Au surplus cet obstacle n'existe pas pour les autres servitudes légales que nous avons encore à examiner; savoir, *les vues, l'égout*, et le *droit de passage*.

Les servitudes de *vues* ou *jours* tiennent un rang assez important dans cette matière.

On ne peut en mur mitoyen prendre des *vues* ou *jours* sur son voisin autrement que par convention expresse; c'est une règle qui n'a jamais été contestée. Mais il s'agit plus spécialement ici de déterminer jusqu'à quel point l'exercice de la propriété peut être gêné, même en *mur propre*; et c'est sous ce rapport que l'incapacité d'ouvrir des *vues* ou des *jours* sur son voisin, peut et doit être considérée comme une servitude établie par la loi.

Ainsi l'on ne peut, même dans son propre mur, s'il est immédiatement contigu à l'héritage d'autrui, pratiquer des ouvertures, ou prendre des jours sur le propriétaire voisin, que sous les conditions que la loi impose.

Cette modification du droit de propriété n'a pas besoin d'être justifiée; l'ordre public ne permet pas qu'en usant de sa propriété on puisse alarmer les autres sur la leur.

C'est dans ces vues que le projet indique les hauteurs auxquelles les fenêtres doivent être posées au-dessus du sol ou du plancher, avec les distinctions propres au rez-de-chaussée et aux étages supérieurs.

Quelques voix avaient sur ce point réclamé des modifications pour les habitations champêtres; mais une mesure commune et modérément établie a semblé devoir régir indistinctement les habitations des campagnes, comme celles des villes, parce que l'ordre public veille également pour les unes et pour les autres.

Un article du projet traite de l'*égout des toits*, et dispose que tout propriétaire doit établir ses toits de manière que les eaux pluviales s'écoulent sur son terrain ou sur la voie publique, sans qu'il puisse les faire verser sur le fonds de son voisin.

Dira-t-on que cette disposition établit plus exactement un devoir qu'une servitude, parce qu'on n'exerce pas de servitude sur son propre fonds; mais l'usage de sa propre chose, limité dans l'intérêt de celle d'autrui, est aussi une servitude légale; et d'ailleurs la cohérence de cette disposition avec les précédentes ne permettait pas de la placer ailleurs.

Enfin le projet traite du *droit de passage* dû au propriétaire d'un fonds enclavé et sans issue.

Cette servitude dérive tout à-la-fois et de la nécessité et de la loi; car l'intérêt général ne permet pas qu'il y ait des fonds mis hors du domaine des hommes, et frappés d'inertie, ou condamnés à l'inculture, parce qu'il faudra pour y arriver traverser l'héritage d'autrui.

Seulement, en ce cas, le propriétaire qui fournit le passage doit être indemnisé, et celui qui le prend doit en user de la manière qui portera le moins de dommage à l'autre.

Citoyens législateurs, je viens d'indiquer rapidement les diverses espèces de servitudes *légales* comprises au chapitre II du projet de la loi.

De cette dénomination *servitudes légales* ou *établies par la loi*, il ne faut pas au surplus conclure qu'il ne puisse y être apporté des dérogations ou modifications par la volonté de l'homme, mais seulement qu'elles agissent, en l'absence de toute convention, par la nature des choses et l'autorité de la loi.

Je passe à la troisième classe de servitudes dont traite le projet de loi.

Des servitudes établies par le fait de l'homme.

On appelle ainsi toutes servitudes qui dérivent ou d'une *convention* formelle, ou d'une *possession* suffisante pour faire présumer un accord, ou de la *destination du père de famille*.

La destination du père de famille équivaut à titre quand il est prouvé que deux fonds actuellement divisés ont appartenu à la même personne, et que c'est par elle que les choses ont été mises en l'état d'où résulte la servitude.

4

Les servitudes conventionnelles imposées sur la propriété n'ont pour limites nécessaires que le point où elles deviendraient contraires à l'ordre public.

Quelle qu'en soit la cause, elles sont, par l'objet auquel elles s'attachent, *urbaines* ou *rurales*, *continues* ou *discontinues*, *apparentes* ou *non apparentes*.

Notre projet explique cette triple distinction; mais je porterai spécialement votre attention sur les deux dernières, et sur la différence qui, existant entre les servitudes *continues et apparentes*, et les servitudes *discontinues et non apparentes*, exige qu'à défaut de titres les unes soient mieux traitées que les autres.

Ainsi, les servitudes continues et apparentes pourront s'acquérir par une possession trentenaire; car des actes journaliers et patens, exercés pendant si long-tems sans aucune réclamation, ont un caractère propre à faire présumer le consentement du propriétaire voisin : le titre même a pu se perdre; mais la possession reste, et ses effets ne sauraient être écartés sans injustice.

Il n'en est pas de même à l'égard des servitudes continues, non apparentes, et des servitudes discontinues, apparentes ou non.

Dans ce dernier cas, rien n'assure, rien ne peut même faire légalement présumer que le propriétaire voisin ait eu une suffisante connaissance d'actes souvent fort équivoques, et dont la preuve est dès-lors inadmissible.

La preuve de la possession trentenaire sera donc recevable dans la première espèce; mais nulle preuve de possession, *même immémoriale*, ne sera admise dans la seconde.

Cette décision, conforme à la justice et favorable à la propriété, est l'une des plus importantes du projet, et mérite d'autant plus d'attention, qu'elle n'était pas universellement admise dans le dernier état de la jurisprudence.

Nulle part on n'avait pu méconnaître la différence essentielle qui existe entre ces diverses espèces de servitudes; mais tout ce qui en était résulté dans quelques ressorts, c'est qu'au lieu de la possession trentenaire on exigeait, à défaut de titres, la possession *immémoriale* pour l'acquisition des servitudes discontinues.

De graves auteurs, et notamment *Dumoulin*, avaient adopté cette opinion : mais qu'est-ce qu'une possession *immémoriale* pouvait ajouter ici, et quelle confiance pouvait mériter au-delà de trente ans les mêmes faits, les mêmes actes que l'on avouait être équivoques et non concluans pendant cette première et longue série d'années?

En rejetant cette possession immémoriale, notre projet a donc fait une chose qui, bonne en soi, s'accordera aussi

avec les vues générales de notre nouvelle législation en
matières de prescription : la plus longue doit être limitée à
trente ans, et les actes qui ne prescrivent point par ce laps
de tems peuvent bien être considérés comme de nature à
ne prescrire jamais.

Il me reste peu de choses à dire sur le surplus du projet.
Il traite des droits et devoirs respectifs des propriétaires
d'héritages, dont l'un doit une servitude à l'autre ; et les
règles, prises à ce sujet dans l'équité et l'usage, ne pouvaient
présenter ni embarras ni incertitude.

Rien d'ardu ni de grave ne s'offrait d'ailleurs dans la partie
du travail qui exprime comment s'éteignent les servitudes
établies par le fait de l'homme.

Le non-usage pendant trente ans, qui en fait présumer
l'abandon ou la remise, et la réunion dans les mêmes mains
du fonds qui doit la servitude et de celui à qui elle est due :
telles sont les causes d'extinction auxquelles il peut s'en
joindre accidentellement une troisième lorsque le fonds qui
doit la servitude n'est plus en état de la fournir.

Au surplus, le but essentiel de toute la partie du projet
relative aux servitudes qui s'établissent par le fait de l'homme
a été, non de les protéger, mais de les circonscrire dans les
limites précises de leur établissement : ainsi le voulait la faveur due à la liberté des héritages et à la franchise des propriétés.

Citoyens législateurs, j'ai parcouru, et plutôt indiqué
que discuté tous les points du projet de loi relatif aux servitudes ou services fonciers.

Sa sagesse n'échappera point à vos lumières.

Vous n'y trouverez que peu de dispositions nouvelles, et
vous remarquerez dans toutes ses parties la circonspection
avec laquelle, en faisant disparaître quelques nuances entre
divers usages, on a néanmoins respecté les habitudes générales, et même quelquefois les habitudes locales, quand
des motifs supérieurs en ont imposé le devoir.

Sous tous les rapports qui viennent d'être examinés, le
gouvernement a pensé que ce projet de loi obtiendrait de
vous la sanction qui lui est nécessaire pour occuper dans le
Code civil la place qui l'y attend.

FIN DES DISCOURS DU SECOND LIVRE.

www.ingramcontent.com/pod-product-compliance
Lightning Source LLC
Chambersburg PA
CBHW032253210326
41520CB00048B/3742